영랑생가 은행나무에 대한 몽상

2021

영랑생가 은행나무에 대한 몽상

김재석 시집

사의재

시인의 말

영랑생가와
달빛한옥마을 관련 시는
근작近作이고
목포 관련 시와 나머지 시는
구작舊作이다

쫌팽이 같은,
시답잖은 시도
다 나에게서 나온 것이기에
버리지 못하고 실었다

쫌팽이 맛이
어떤 맛인가
세상이 한번 맛보았으면 한다

시를 세상에 내던져 버리는 것만이
저장강박장애에서
벗어나는 길이다

2021년 겨울
일속산방一粟山房에서
작시치作詩痴 김재석

차례

영랑생가 은행나무에 대한 몽상

시인의 말

1부

서시 13

시론 14

영랑생가 은행나무에 대한 몽상 16

감나무 세 그루 20

은행나무 두 그루 22

털머위 꽃이 나를 안중에 두다 24

감을 마다하는 까치는 없다 26

은행나무 자도磁道 28

가을 영랑생가 30

대숲 32

단풍나무가 명함도 못 내민다 34

배롱나무 36

동백나무 38

2부

달빛한옥마을의 봄 43

달빛한옥마을 45
달빛한옥마을의 여름 47
달빛한옥마을의 가을 48
달빛한옥마을의 겨울 50
달빛한옥마을 52
달빛한옥마을 여락재 54
달빛한옥마을 초연재 56
달빛한옥마을 해로당 58
달빛한옥마을 보금자리 60
달마지마을과 달빛한옥마을 61
강진○○교회 1 62
강진○○교회 2 64

3부

서산동은 다시 빛나기 마련이다 69
게 눈 속의 시화詩畫 71
서산동 골목길 벽에 깔 부는 소리가 묻어 있다 72
서산동 시화골목의 바닥을 어기적거리는 게와 마주친 적이 있다 74
조선내화의 탯자리는 다순구미다 76
오거리에서 78
차 없는 거리에서 80
가산토건 82
조양운수 84

치욕의 봄밤 86

백련동 뒷산 뻐꾸기 88

백련동 뒷산 뻐꾸기 90

관해정觀海亭 앞마당에 산수유가 피다 92

연꽃 94

겨울 백련지 96

외딴집 봉선화 97

세탁소가 사라지다 98

하동 100

비둘기 102

4부

봄 105

봄날 106

이슬 107

계요등 108

금목서 109

풀잎 110

풀벌레 악사樂士 111

풀벌레 울음소리 112

칡꽃 113

꽃무릇 114

호박꽃 115

부추꽃 116

대추꽃 필 무렵 117
모과나무 118
담쟁이에게 담은 생명줄이다 120
담쟁이 잎사귀 122
개나리가 손 내민다 123
목련이 부리를 벌리다 124
소리쟁이 125
개망초 군단 126
분수 127

1부

서시

시로 침몰하긴 쉬워도
시로 비상하긴 어렵다는 것을
이순의 강을 건넌 뒤에야
알았다

이제
이쯤에서
작파해야 하나

이왕
하던 일이니
끝까지 밀어붙여야 하나

시로 패가망신하긴 쉬워도
시로 호강하긴 어렵다는 것을
이순의 강을 건넌 뒤에야
알았다

시론

가시면류관인 시는
우리가 발붙인 세상에 대한
처방약이다,
때론

전혀
오염되지 않는
언어로 조제한

누가
복용하여도
부작용이 나지 않는

시대의 우울,
시대의 불안,
시대의 공포를
물리치는

가시면류관인 시는
우리가 발붙인 세상에 대한
처방약이다,

간혹

영랑생가 은행나무에 대한 몽상
  - 가을 영랑생가에서

호화양장본시집인
영랑생가,
은행나무 잎이 모두 다 황금이라면
무슨 일이 일어날까

처음부터 황금이 아닌
어느 날 갑자기
영랑생가 은행나무 잎이 모두 다 황금으로
변한다면

꿈에도 생각하지 못할 일이
영랑생가 은행나무에서 벌어지면
영랑생가는
어떤 조치를 취할까

맨 먼저
경향각지 길들이 발을 붙이지 못하게
대문에 빗장을 걸고
은행잎이 황금이라는 걸
누구도 눈치 못 채게
영랑생가는 입을 봉할 것이다

만에 하나
영랑생가 은행나무 잎이
황금이란 게 새 나가면
영랑생가는 아수라장이 될 것이기에

황금잎이 순도가 가장 높을 때
황금잎을 챙겨
황금잎이 순도가 변하지 않도록
조치를 취해야 할 것이다

가을 추수하듯
황금잎을 챙긴 영랑생가가
대문에 빗장을 풀고
코로나 치하에서
마음의 위로를 받고자
먼 걸음을 한 경향각지 길들에게
황금잎을 한 잎 씩 나누어 준다면
영랑생가는
너그럽단 말을 들을 것이다

절대로,

절대로
황금잎을 챙겨
혼자 호의호식好衣好食할
영랑생가가 아니다

아니
생각이
산보다 높고 바다보다 깊은
영랑생가가
먼 걸음을 할 수도 없는 길인
코로나 정국에
두 집 내고 살려고 바동거리는
자영업자에게
소상공인에게
전달해 달라고
자신의 신분을 밝히지 않고
황금잎을 기부할지도 모른다

추수하듯 챙긴
황금잎이 변치 않고
계속 순도를 유지할 수 있다면

한 해로 그치지 않고
해마다
영랑생가 은행나무 잎이 모두 다 황금으로
변할 수 있다면
이보다 더 좋을 수가 없는데

강진답사 일 번지
영랑생가,
은행나무 잎이 모두 다 황금이라면
무슨 일이 일어날까

감나무 세 그루

1

호화양장본 시집인
영랑생가에 자리를 잡은
감나무 세 그루의 생을 들여다본다

안채 담장 옆 감나무는
능소화와 동고동락하는 은행나무와
뒤뜰의 대숲이
비바람을 막아주긴 하지만
해와 달, 별빛을 제대로 챙기지 못하여
허약하다

영랑생가 사랑채 뒤 언덕 감나무는
비바람을 막아주는
이웃나무는 없지만
해와 달, 별빛을 제대로 챙겨
튼튼하다

영랑생가 대문 밖
이웃나무들과 부동이화 중인

「모란이 피기까지는」 시비 옆 감나무는
빈약하지도
튼튼하지도 않다

감나무도
어디에 자리를 잡느냐에 따라
삶이 달라지는데
어느 감나무가 가장 행복한지는
끝까지 두고 봐야 안다

2

호화양장본 시집인
영랑생가
감나무 세 그루가
서로의 모습을 보지 못하는 곳에
자리를 잡았기 망정이지
서로의 모습을 볼 수 있는 곳에
자리를 잡았다면
상대적 빈곤에 시달릴 것이다

은행나무 두 그루

호화양장본 시집인
영랑생가의 가을은
사랑채 앞마당 은행나무 암나무에서
시작하여
안채 옆마당 담장 옆 은행나무 수나무에서
끝난다

경향각지 길들의 발목을 붙드는
사랑채 앞마당 은행나무 암나무는
결출하나
안채 옆마당 담장 옆 은행나무 수나무는
결출하지 못하다

호화양장본 시집인
영랑생가의
은행나무 암나무와 수나무의 덩치는
방아깨비 암컷과 수컷의 덩치만큼
차이가 난다

안채 옆마당 담장 옆 은행나무 수나무는
덩치는 암나무에 비할 바 못 돼도

암나무가
존재하는 이유다

호화양장본 시집인
영랑생가의 가을은
사랑채 앞마당 은행나무 암나무에서
시작하여
안채 옆마당 담장 옆 은행나무 수나무에서
끝난다

털머위 꽃이 나를 안중에 두다

경향각지 길들의 발목을 붙드는
은행나무가 군림하는
영랑생가

돌담 밑
털머위 꽃이 졸고 있다

내 눈빛에
졸음이 달아난
털모위 꽃이 나에게 한눈을 판다

먼 걸음을 한 길들 중 하나인
나로부터
털모위 꽃이 시선을 떼지 못한다

꾀죄죄한 털머위 꽃이
나에게 꽂힌 것이
즐거운 일인가,
불쾌한 일인가

좌우지간

나에게 꽂힌
털모위 꽃에게
바로 등을 돌릴 수가 없다

해와 달, 별빛을 챙긴
반반하고
늠름한
은행나무는
나를 안중에 두지 않는데
돌담 밑
털머위 꽃이 나를 안중에 두고 있다

영랑생가 까치들이 감을 마다한 적이 없다
- 가을 영랑생가

영랑생가 문화해설사이자
영랑 시낭송가인
까치들이
감을 마다한 적이 없다

「모란이 피기까지는」,
「동백잎에 빛나는 마음」,
「돌담에 소색이는 햇발같이」,
「오매 단풍 들것네」,
「사개 틀닌 고풍의 툇마루에」를 비롯하여
영랑의 시를
머리에 담은
영랑생가 까치들은
시가 먹이가 되지 않는다는 걸
알고 있다

문화해설도
영랑 시낭송도
끼니를 거르고는 할 수 없다는 걸
영랑생가 까치들은
누구보다

잘 알고 있다

은행나무 우듬지에서
세상을 굽어보다가
감나무를 향하여 날아드는
까치 떼를 봐

영랑 시낭송가이자
영랑생가 문화해설사인
까치들이
감을 마다한 적이 없다

은행나무 자도磁道

강진답사 일 번지인 영랑생가에서
군림한 적 없어도
군림한다는 오해를 사는
은행나무는 자도磁道이다

경향각지 길들을
은행나무가 끌어당기는데
경향각지 길들이
순순히 따라온다

은행나무가
해와 달, 별빛을 챙긴 게
들통난 가을에
자력磁力이 가장 세다

경향각지 길들에게
영랑생가에서 시심을 만끽하게 한 뒤
돌려보내는
은행나무는 너그럽다

강진답사 일 번지인 영랑생가에서

군림한 적 없어도
군림한다는 오해를 사는
은행나무는 자도磁道이다

가을 영랑생가

호화양장본 시집인
영랑생가, 은행나무 앞에서
경향각지 길들이
노랗게 물들지 않고 배길 수 없다

「돌담에 소색이는 햇발같이」,
「모란이 피기까지는」,
「동백잎에 빛나는 마음」,
「오매 단풍 들것네」,
「사개 틀닌 고풍의 툇마루에」를
몸에 새긴 시비들도
마음은 이미 노랗게 물들었다

살구나무도
모란도
배롱나무도
감나무도
돈나무도
마음은
다 노랗게 물들었다

대숲 언덕
대나무마저
동백나무마저
돌담마저
마음이 노랗게 물든 것은
해와 달, 별빛을 챙길 대로 챙긴
은행나무 때문이다

경향각지 길들이
영랑생가를 떠난 뒤에도
노랗게 물든 마음을
씻어내려면
한참 걸릴 것이다

호화양장본 시집인
영랑생가, 은행나무 앞에서
경향각지 길들 중에
어떤 길도
노랗게 물들지 않고 배길 수 없다

대숲
- 영랑생가

제 몸뚱일 흔들어
바람을 낳아
세상 구경 다니는 갈대 못지않다

일사불란一絲不亂한 것도
갈대를 빼다박았다

동백나무와 부동이화 중인
대숲이
코 빠지게 기다리는 게 있다

남방南方의 하늘을 나는
기러기 떼다

코 빠지게 기다리는 게 아니라
제 몸뚱일 흔들어 낳은
바람으로 하여금
기러기 떼를 데려오게 하는지도 모른다

제 몸뚱일 흔들어
바람을 낳아

세상 구경 다니는 갈대 못지않다

단풍나무가 명함도 못 내민다

영랑생가 대문 밖 단풍나무가
명함도 못 내민다

단풍나무가
은행나무에 치여
명함도 못 내민다는 생각을 한 길은
경향각지 길들 중에
오직 나뿐일까

은행나무 못지않게
해와 달, 별빛을 챙긴
단풍나무가
은행나무의 덩치에 눌려
기氣를 펴지 못하는 걸 보고
명함도 못 내민다고 한
나의 눈빛을
단풍나무가 읽지 않았으면 좋겠다

단풍나무는
명함도 못 내민다는 생각을 한 적이 없는데
은행나무에 비해 덩치 작다고

열등감을 가진 적이 없는데
괜히 내가
단풍나무가 열등감에 사로잡혔다고
넘겨짚었는지도 모른다

어느새
나의 눈빛을 읽은
영랑생가 대문 밖 단풍나무가
나에게
명함 같은 건 아예 지니고 있지 않는다고
눈빛을 보낸다

배롱나무
- 가을 영랑생가

1

걸친 게 하나도 없다

걸친 게 하나 없어도
누구에게
음탕하단 소리를 들어본 적이 없다

2

머리가 좋다

해와 달, 별빛을 챙길 대로 챙긴
은행나무의 전성기에
활약하지 않는다

대우받을 수 있는
한여름에
활약을 한다

달리 말하면

뙤약볕에 활약을 하여
점수를 딴다

잔머리가 아니다

동백나무
　- 가을 영랑생가

나설 때와
나서지 않을 때를
확실히 안다

지금 나섰다간
은행나무에 치여
빛도 안 난다

은행나무의 아성에
도전하고 싶어도
참는 데는 다 이유가 있다

조금 더 기다렸다가
그러니까
모두 다 물러난 뒤에
활약하면 대우받는다

누구도
나서지 못할 때
나서야 빛이 난다

나설 때와
나서지 않을 때를
분명히 안다

2부

달빛한옥마을의 봄

누구도 못 말리는
달빛한옥마을의 봄은
이장집 앞마당에서 시작한다

제일 먼저 잠이 깬
이장집 앞마당 꽃나무들의 향기가
달빛한옥마을을 가만두지 않는다

사촌간인
살구꽃,
앵두꽃,
자두꽃이
바통을 주고받는다

남들의 눈에
앞다투어
얼굴 내미는 것 같아도
그렇지 않다

봐라 봐,
먼 비행을 한 벌들이

이장집 앞마당 꽃나무들에게
문안 인사하는 것을

누구도 못 말리는
달빛한옥마을의 봄은
이장집 앞마당에서 시작한다,
꽃나무로 무장한

* 이 시집에 실린 '달빛한옥마을'은 모두 다 '강진달빛한옥마을'이다.

달빛한옥마을
  - 늦봄

뻐꾹 뻐꾹 뻐꾹 뻐꾹 뻐꾹 뻐꾹

달빛한옥마을이 안도의 숨을 쉰다

내공이 센
달빛한옥마을이 안도의 숨을 쉬니
궁금할 수밖에 없다

그게 뭘까,
그게 뭘까

뻐꾹 뻐꾹 뻐꾹 뻐꾹 뻐꾹 뻐꾹

유레카,
뻐꾹새 첫 울음소리다

뻐꾹 뻐꾹 뻐꾹 뻐꾹 뻐꾹 뻐꾹

뻐꾹새 첫 울음소리가
금년에는
뒤늦게 방문한 것이다

뻐꾹 뻐꾹 뻐꾹 뻐꾹 뻐꾹 뻐꾹

여러 날 생각에 잠겨 있어
뭔 일인가 했더니
뻐꾹새 첫 울음소리다

달빛한옥마을의 여름

뻐꾹 뻐꾹 뻐꾹 뻐꾹 뻐꾹 뻐꾹

꽃나무와 화초들이
누구도 몰래 재미를 보고 있다

뻐꾹 뻐꾹 뻐꾹 뻐꾹 뻐꾹 뻐꾹

꽃들의 향기에
뻐꾹새 울음소리가 묻어 있다

뻐꾹 뻐꾹 뻐꾹 뻐꾹 뻐꾹 뻐꾹

꽃들의 향기가 추임새인 걸
눈치챈 이 몇이나 될까

뻐꾹 뻐꾹 뻐꾹 뻐꾹 뻐꾹 뻐꾹

꽃나무와 화초들이
뻐꾹탄을 받아내는 재미에 빠져 있다

달빛한옥마을의 가을

이장집 앞마당의 국화가
달빛한옥마을만 가만두지 않는 게 아니라
월출산 기암괴석들도 가만두지 않고 있다

월출산 천황봉이 구정봉이
코를 킁킁거리며
이 냄새는 어디에서 와서
어디로 가냐며
서로 눈빛을 주고받게 생겼다

봄날은
살구꽃으로
앵두꽃으로
자두꽃으로 죽여주더니

여름은
밤꽃으로
능소화로 죽여주더니

이제는
국화, 국화가

떼거리로 죽여준다

죽여주는
이장집 앞마당은 못 말린다

달빛한옥마을의 겨울

눈 온 뒤
달빛한옥마을이
월출산을 바라보는데 하염없다

눈발 속
월출산이 시야에서 사라져
달빛한옥마을이
안절부절못했는데
월출산 기암괴석들은
달빛한옥마을이 시야에서 사라졌을 때
어떠했을까

달빛한옥마을은
월출산을 떼놓고 생각할 수 없는데
월출산도
달빛한옥마을을 떼놓고 생각할 수 없을까

근엄하고
당당한
달빛한옥마을은
월출산의 정기를 이어받은 게 분명하다

눈 온 뒤
달빛한옥마을이
월출산을 바라보는데 하염없다

달빛한옥마을

소쩍새 첫 울음소리와
뻐꾹새 첫 울음소리만
신경 쓰는 줄 알았더니
그게 아녀

소쩍새 마지막 울음소리와
뻐꾹새 마지막 울음소리도
신경 쓰는 것을

소쩍새 울음소리를
첫 울음소리, 마지막 울음소리
뻐꾹새 울음소리를
뻐꾹새 첫 울음소리, 마지막 울음소리로 구분하여
어디에다 써먹는지 몰라도
대게 신경 쓴다

한 해만
신경 쓰는 게 아니라
해마다
신경 쓴다

소쩍새 울음소리를
뻐꾹새 울음소리를
첫 울음소리, 마지막 울음소리로 구분하는 게
무용한 것처럼 보여도
그렇지 않다

무용하기에
유용한 게
소쩍새 울음소리와
뻐꾹새 울음소리다

소쩍새 울음소리를
첫 울음소리, 마지막 울음소리
뻐꾹새 울음소리를
뻐꾹새 첫 울음소리, 마지막 울음소리로 구분하여
어디에다 써먹는지 궁금하다,
좌우지간

달빛한옥마을 여락재

먼 걸음을 한 길들이
머무르다가 가는데
그치지 않고
아예 주저앉아 버릴라 한다

보름달에서 초승달까지
초승달에서 보름달까지
솟대가 마중하고 배웅하는
여락재의 품에서
강진과 함께하고 싶은 것이다

일등급
달빛으로 빚은 전을 비롯하여
달빛이 간여한 음식을
마음껏 맛본다

지척인
무위사, 백운동원림, 강진오설록은 기본이고
영랑생가, 사의재, 보은산방, 다산초당,
청자박물관, 가우도, 병영성, 하멜기념관을
다 눈에 담는다

잠이 든 먼 걸음을 한 길들이
여락재를 달 삼아
토끼가 되어
절구통에 떡을 찧는 꿈도 꾼다

먼 걸음을 한 길들이
머무르다가 가는데
그치지 않고
아예 주저앉아 버릴 생각을 하기에
먼 걸음을 할 다른 길들을 위하여
매번 등 떠밀어 보낸다

달빛한옥마을 초연재

초연재의
달님방,
별님방,
햇님방에 머물렀다 가는 길들은
어떤 길들일까

초연재에 머무르기 전부터
이미 세상사에 초연한
길일까

초연재에 머무르면서
세상사에 초연하게 된
길일까

초연과 상관없이
그냥 머무르다 가는
길일까

어떤 길이든
초연의 경지에 이르는데
달만 간여하는 게 아니라

해와 별들도 간여하고 있다

초연재의
달님방,
별님방,
햇님방에 머물렀다 가는 길들은
어떤 길들일까

달빛한옥마을 해로당

백년해로를 꿈꾸지 않은
경향각지의
먼 걸음을 한 길은 없다

먼 걸음을 한 길들이
백년해로를 하도록
산들정, 볕들방, 노을방이
뒤에서 꽉꽉 밀어준다

먼 걸음을 한 길들이
자신의 취향에 따라
산들정에게
볕들방에게
노을방에게
자신을 맡긴다

산들정, 볕들방, 노을방이
먼 걸음을 한 길들을
선택하는 게 아니라
먼 걸음을 한 길들이
산들정, 볕들방, 노을방을

선택한다

백년해로를 꿈꾸지 않은
경향각지의
먼 걸음을 한 길은 없다

달빛한옥마을 보금자리

보금자리는 어떤 곳이며
보금자리는 어떠해야 하는가를
보여주기 위해 태어났다

사랑채는
먼 걸음을 한
경향각지 길들을 위한
보금자리다

꽃나무들을 거느린
앞마당은
새들을 위한 보금자리다

앞마당은
담장 너머로 맛볼 수 있지만
사랑채는
머물러 봐야만 맛볼 수 있다

보금자리가
다 같은 보금자리가 아니라는 걸
보여주기 위해 태어났다

달마지마을과 달빛한옥마을

월악산하
달마지마을은 자연산이요
월출산하
달빛한옥마을은 인공산이다

달마지마을은
비보연못과 당산나무로 무장하고
달빛한옥마을은
달빛정자와 달빛전망대로 무장하였다

자작일촌인
달마지마을은
동이불화란 말을 들은 적이 없으며
타성바지인
달빛한옥마을은 부동이화의 대가란 말을 듣고 있다

달마지마을과 달빛한옥마을 둘 다
누구도
서로 시기하거나 모함하지 않는다

달마지마을은 무위자연을 꿈꾸고
달빛한옥마을은 코스모스를 꿈꾼다

강진○○교회 1

다시 태어난
믿음, 소망, 사랑이 주식인
강진○○교회가
실로암 연못을 꿈꾸고 있다

영혼의 눈이 먼 자들을
눈 뜨게 하고
영혼의 눈이 침침한 자들을
눈이 밝아지게 한다

영혼의 눈만 뜨이게 하고
영혼의 눈만 밝아지게 하는 게 아니라
영혼의 목이 마른 자들의
갈증도 해소해 준다

한심한 영혼들을,
자만한 영혼들을
주님의 말씀으로 깨우치려고
발 벗고 나섰다

다시 생각해 보니

믿음, 소망, 사랑이 주식인

강진○○교회가

바로 실로암 연못이다

강진○○교회 2

강진○○교회는 반반한 마구간이다,
아기 예수의 탯자리인

황금, 유향, 몰약을 눈에 띄지 않게 간직한
동방박사 느티나무 세 그루가
한국의 베들레헴인 강진의
강진○○교회 뒷마당에 와 계신다

동방박사 느티나무 세 그루가
강진○○교회 앞마당에 오시지 않고
강진○○교회 뒷마당에 오신 것은
이교도들의 눈을 따돌리기 위해서다

이제 바로
마구간인 강진○○교회에서
마리아의 품에 안겨 있는
아기 예수를 보게 될 것이다

영혼의 눈이 뜨이지 않은 자들은
보지 못할 것이고
영혼의 눈이 뜨인 자들은

볼 것이다

아기 예수의 탯자리인
강진○○교회는 당당한 마구간이다

3부

서산동은 다시 빛나기 마련이다

러일전쟁의 승리로 기선을 잡은
욱일기의 손아귀에 들어간
욱산이 뒤에서 밀어주는
서산동은 다시 빛나기 마련이다

조금새끼와 삼팔따라지가
여울의 물고기처럼 붐볐던
서산동 골목이 파리를 날렸다가
서산동시화골목으로
영광을 되찾은 걸 보더라도

'1987'에 출연한
연희네 슈퍼가
목포의 엑스트라에서
스타로 급부상한 걸 보더라도

따라지골목의
프랑스 자수와
이은주 공예와
심신 사신공방이
바보마당으로 변신한 걸 보더라도

진도집의 주가가
동네 구멍가게에서
슈퍼 수준으로
상한가를 때린 걸 보더라도

러일전쟁의 승리로 기선을 잡은
욱일기의 손아귀에 들어간
욱산이 뒤에서 버티고 있는
서산동은 다시 빛나기 마련이다

게 눈 속의 시화詩畵

연희네 슈퍼와 함께 급부상한
서산동 시화 골목을
꽃게 아닌
칠게 한 마리가 어슬렁거리고 있다

오르락내리락하는
경향각지 길들의 발에 밟히지 않고
시화를 제대로 구경하고
무사히 돌아갈 수 있을는지

경향각지 길들의 발자국 소리
시화 골목 가장자리에
몸을 맡긴 채 바싹 긴장을 하는
칠게 한 마리

천길 벼랑인 벽에 걸려
게 눈 속에 얼굴 내민
시화詩畵

서산동 골목길 벽에 깔 부는 소리가 묻어 있다
  - 조금새끼

서산동 골목길 벽에
호루라기 소리만 묻어 있는 게 아니라
깔 부는 소리도 묻어 있다

뿍뿍 뿍뿍 뿍뿍

깔 부는 소리가
진하게 묻어 있어도
호루라기 소리에 묻혀
아무나 들을 수 있는 게 아니다

서산동 골목길을 찾은 경향각지 길들 중에
어떤 길은 운이 좋아
조금새끼가 똬리 튼
깔 부는 소리를 들을 수 있다

호루라기 소리에 묻힌
깔 부는 소리를 들은 길은
달의 후손인
서산동의 속살은 물론 이면까지 맛본 것이다

뽁뽁 뽁뽁 뽁뽁

서산동 골목길 벽에
호루라기 소리만 묻어 있는 게 아니라
깔 부는 소리도 묻어 있다

* 깔 부는 소리: 온 식구가 방 하나에서 생활하여야 했던 그때 그 시절의 이야기다. 어둠 속에서 부모가 합궁하는 소리에 잠이 깬 어린애가 '엄마, 어디서 깔 부는 소리가 나네'라고 말한 데서 유래하였다.

** 갑오징어가 어소魚巢에 알을 낳는데 알집을 깔이라고 한다. 깔을 부는 소리가 남녀가 합궁하는 소리와 비슷하다고 한다.

서산동 시화골목의 바닥을 어기적거리는 게와 마주친 적이 있다

서산동 시화골목을 쿵쿵거리고 다니다가
바다 밑이 아닌
서산동 시화골목의 바닥을 어기적거리는
게와 마주친 적이 있다

나와 마주친 게가
서산동 시화골목길을 오르내리는
사람들의 발길에 짓밟힐까 봐
마음을 놓지 못하였다

앞바다로 통하는 하수구 어딘가에서
게가 떠돌아다니다가
바깥세상을 구경하러 나왔는지,
우연히 발길 닿은 곳이 바깥세상이었는지

좌우간 바깥세상 구경을 끝내고
하수도로 돌아가 어기적거리다가
바다로 돌아가는
행운을 게가 누렸으면 좋으련만

게의 생사가 걱정되어

안절부절못하는 나의 오지랖은
엎치락뒤치락하는 나의 잠자리는
상상을 초월한다

서산동 시화골목을 쿵쿵거리고 다니다가
바다 밑이 아닌
서산동 시화골목의 바닥을 어기적거리는
게와 마주친 적이 있다

조선내화 탯자리는 다순구미다

지금 광양에서
누구보다 잘나가는
조선내화 탯자리는 다순구미다

다순구미가 다 탯자리가 아니라
다순구미 중에서도 째보선창이다

아랫도리가 튼튼한 째보선창이
우량아인 조선내화를 낳았다

째보선창이 조선내화를 잘 길러
대처로 내보냈다

대처로 떠난 조선내화가
탯자리인 째보선창을 그리워하는 것은 당연하다

못나가면 두 집 내고 살려고 바동거리느라
탯자리에 대하여 관심을 갖지 못하지만
잘나가면 잘나갈수록 탯자리에 대한 관심이 높아진다

못나간 적이 단 한 번도 없기에 조선내화는

탯자리에 대한 관심을 소홀히 한 적이 없다

조선내화가 몸만 건강한 것이 아니라
마음도 건강하다는 것이다

지금 광양에서 잘나가는
조선내화 탯자리는
다순구미 중에서도 째보선창이다

오거리에서

가게들이 힘 못 쓰는
오거리는
'죽은 시인의 사회'다

호주머니에
호기심만 가득한 내가
'죽은 시인의 사회'인
오거리 덕에 햄릿이 되었다,
어디로 갈까

한때 어깨가 딱 벌어졌으나
지금은 어깨가 축 처진
오거리가 나를 붙들지 못한다

어디로 갈까,
어디로 갈까

잘나가는 코롬방제과점이
사연 많은 목포역이
박식한 목포문화원이
겉늙은 선창이

반반한 유달산 등구가
반가이 맞이할 아무런 이유가 없다,
호주머니가 호기심뿐인 나를

오거리를 내가 이따금 찾는 것은
오거리가
'죽은 시인의 사회'이기 때문이다

살아있는 시인은
'죽은 시인의 사회'의 멤버가 될 수 없기에
'불면의 홍장'을
'허공에 머리칼 하나'를
'빈약한 올페의 초상'을
'응시자'를
맛보고 싶은 것이다

어디로 갈까,
어디로 갈까

가계들이 축 못 쓰는
오거리는
'죽은 시인의 사회'다

차 없는 거리에서

빈 가게가 듬성듬성 얼굴 내미는
차 없는 거리는
이빨 빠진 한 마리 짐승이다

갈기를 날리며
포효하는 짐승 같던
차 없는 거리가
새로 태어난 하당과 남악에게 치였다

하당과 남악에게 치여도 되게 치인
차 없는 거리가
손님 없는 거리로
개명할 위기에 처해 있다

전통과 개인의 재능을 자랑하는
코롬방제과점 말고는
로데오 광장마저
제 이름값을 못하니

빈 가게가 드문드문 얼굴 내미는
차 없는 거리는

이빨 빠진 한 마리 짐승이다

가산토건

가산 이효석은
'메밀꽃 필 무렵'으로
우리 곁에 이따금 찾아오지만
가산토건은 언제나 우리와 함께하지

도로, 항만, 택지
어느 것 하나
우리와 함께하지 않은 것이 없으니
수로, 댐 및 배수시설은 말할 것도 없고

국가에서 발주하는 관급공사로
이용후생의 길을 걷고 있는
가산토건은
무엇보다 사람을 먼저 생각하지

본의이든 본의가 아니든
아스팔트, 방파제, 무량장이
다 누구를 위한 일인가를 생각하면
가산토건의 존재의 이유를 알 수 있지

언제나 우리와 함께 숨쉬고 있는

한순간이라도 없어서는 안 되는
가산토건을
우리가 알아차리지 못하고 있을 뿐이지

가산 이효석은
'메밀꽃 필 무렵'으로
우리 곁에 잠시 머무르다 가지만
가산토건은 우리와 생사를 함께하지

조양운수

신진해운이 바다의 시내버스이고
씨월드 고속훼리 씨스타 크루즈가
바다의 고속버스라면
조양운수는 바다의 시외버스인 것을

바다의 착한 시내버스,
바다의 착한 시외버스,
바다의 착한 고속버스를
다도해를 거느린 유달산이 다 낳다니

해양법규에 흠집을 내지 않고,
승객을 내 몸같이 사랑한 것은
기본인데
그 밖에 또 무슨 특별한 일을 하였을까

장관 표창도, 총리 표창도 아닌
대통령 표창이 거저 주어지나
남다른 일을 한 게 분명한데
자신은 입을 봉하니

- 도서지역 경제 발전에 기여,

도서민 해상교통 환경 개선,
철저한 선박 관리를 통한 여객 안전 제고,
여객선 업계의 현안사항 해결을 위한 노력

대통령을 낳은 하의도가 항로
DJ의 영혼을 싣고 왔다갔다하니
대통령 표창 받을 수밖에,
포세이돈의 눈 밖에 나지 않은 것은 물론이고

* 조양운수: 신안 압해 출신 이영규가 창립한 해운회사이다. 목포 하의도간 조양페리 1,2호와 엔젤호를 운영하고 있다.

치욕의 봄밤

백련동 뒷산 소쩍새 울음이
죽비 되어 내 등짝을 때린다

- 비굴한 놈
  비굴한 놈

외롭고 낮고 쓸쓸한 곳을 발판 삼아
수를 내는 자가
인간과 예술의 상이함의
극치를 보여 줘도 침묵하는 너는

- 비굴한 놈
  비굴한 놈

두 손바닥으로 자기 얼굴을 가리고
하늘이 가려진 줄 아는 이의
등짝 한 번 두드리지 않고
못 본 척 그냥 지나가는 너는

- 비굴한 놈
  비굴한 놈

백련동 뒷산 소쩍새 울음이
내 등짝에 치욕의 문신을 새긴다

백련동 뒷산 뻐꾸기

백련동 뒷산 뻐꾸기는
이랬다저랬다 한다

이 땅의 불의에 눈 감아야 할지,
눈 부릅떠야 할지
고민하는 나를

어제는 땡볕 아래 모들이 꼿꼿이 서 있는
백련동 들판으로 불러내어

내비둘레
내비둘레

오늘은
옛 송전소 자리,
능수버들이 내게 굽실거리는
백련동 들길로 나를 불러내어

내비둬라
내비둬라

백련동 뒷산 뻐꾸기는
마음의 갈피를 잡지 못한다

백련동 뒷산 뻐꾸기

詩에 발목 잡혀
삶을 탕진하다니

빈손을 오므렸다 폈다 하는
이순

시도 없고
삶도 없고
오직 만져지는 건
무력감

백련동 뒷산 뻐꾸기는
나의 인내심을 시험하는가

위로의 말은 없고
왜 나를 엿 먹이지

분위기 파악은 저리 가라고
성미 급한 나에게

뻐큐,

삐큐,
삐큐,
삐큐

관해정觀海亭 앞마당에 산수유가 피다

관해정 앞마당이 불러내
돌려보내지 않은
산수유 화분에
꽃이 얼굴 내밀었다

관해정 거실에서 흘러나온
매화 향기와
산수유 향기가 만나
서로 어쩔 줄 몰라 한다

두 눈으로 볼 수 없는데
그걸 어떻게 아느냐고
사기 치는 거 아니냐며
다들 의혹의 눈초리다

향기의 범벅인 관해정 입구가
웬만해선 동요하지 않는
나로 하여금
코를 킁킁거리게 한다

관해정 앞마당이 붙들고

놓아주지 않은
산수유 화분에
꽃이 얼굴 내밀었다

연꽃
- 백련지

1

연꽃마다
누군가가
가부좌 틀고 계신다

누구실까
누구실까

2

연꽃 중 한 송이에
가부좌 틀고 있는
누군가를
내 눈빛이 밀어낸다

누군가
누군가
반항하지 않고
고분고분 따른다

3

연꽃 한 가운데
누군가 대신
내 눈빛이
가부좌 틀고 앉는다

연꽃이
내 눈빛을 밀어내지 않는다

내 눈빛이 뻔뻔하다

겨울 백련지
 - 연산동

1

묵은 연들이 부러진 화살촉이다

나만 그렇게 생각하지 않을 것이다

2

물구나무선 아파트에 물고기들이 산다

3

물속의 구름을 물고기들이 뜯어먹는다

구름은 화수분이다

아무리 뜯어먹어도 줄어들지 않는다

4

가로등과 사이가 편치 않은
달빛, 별빛이 매일 다녀간다

외딴집 봉선화

울밑의 봉선화가
아무 생각 없이
우두커니 서 있을 리 없다

안방에서 흘러나오는 이야기를
다 들어
세상 물정을 어느 정도 알 것이다

부부간의 이야기만이 아니라
텔레비전이 뱉어낸
이야기도 빠뜨리지 않을 것이다

자기들끼리만 이야기를 나누는 게 아니라
외딴집에 둥지 틀고 있는 것들과
눈빛을 주고받을 것이다

울밑의 봉선화가
지각없이
우두커니 서 있을 리 없다

세탁소가 사라지다

미장원과 꽃집 사이 세탁소가 사라졌다

보증금 천만 원에
월 오십만 원을 버티지 못하더니

멀지 않은 곳에 들어선 세탁소가
미장원과 꽃집 사이 세탁소의
눈엣가시였을 줄이야

수수방관한 적이 없는데
순식간에 무너지다니

같은 깃털을 가진 새들이
같이 모이면 모이가 줄어들지

미장원과 꽃집은
월세를 버틸 수 있을라나

어딘가에
다시 둥지를 튼 세탁소는
또 다른 누군가의 앳가심이겠지

꽃집과 미장원 사이 세탁소가 증발하였다

하동

한때 마포경찰서의 앳가심이던
파란만장의
하동이 생을 졸업하였다

코로나에 덜미 잡힌
졸업식장은
이화여대 장례식장

누군가가 카톡에 올린
졸업식장 풍경에
창비가 보낸 조화가 얼굴 내민다

하동의 영전에
마음으로
좆껍데기술 한 잔 올린다

세상과의 싸움에서
이름값을 하였나,
이름값을 못 하였나

한때 마포경찰서의 눈엣가시였던

파란만장의
하동이 생을 졸업하였다

비둘기

구구단 외우는 소리에
잠이 깬다

비둘기는
자명종이다

하루,
하루를

구구단으로 시작하여
구구단으로 끝낸다

'함께 걷는 교회' 지붕에 붙들린
비둘기 떼

못 말리는
비둘기는
자명종이다

4부

봄

눈발 속에서도
큰개불알풀이 봄 실은 쪽빛 수레를
끌고 나오니

군용 건빵 봉지 속
별 과자와 붕어빵인 곰밤부리 별꽃이
작은 가랑이로
바짝 뒤따르고

코딱지나물이 홍자색꽃을 들고
시위하듯
뒤따르고

가냘픈 냉이마저
힘을 보태고자
뒤따르고

봄날

봄날
매화꽃 얼굴 내밀까 말까
망설인다

잎새주에 젖은
윤중호 유고시집 『고향 길』이
앞마당으로 나온다

볼에
눈물자국

은피라미 떼처럼
거슬러 오른 추억이
개 꼬리에서 흔들린다

이슬

밤새 무슨 일이 있었기에
풀잎들이 눈물을 흘렸나

풀벌레 악사들의 연주에
감동을 먹었나

어깨를 들썩이지 않고도
눈물을 흘리다니

햇빛이
손수건이 돼 주다니

계요등

아무짝에도 쓸모없다 생각하고
누가
거둬 버릴까 무섭다

누군가의 신세를 져도
부담을 주기보다는
기쁨을 주는 생인데

작은 트럼펫으로
저마다 분홍, 분홍을
세상에 쏟아내는 것 봐

내 눈이
파악 못 해서 그러지
허공을 오선지 삼은 것을

누가
거둬 버릴까 무섭다,
아무짝에도 쓸모없다 생각하고

금목서

누군들 먼저
꽃 피우고 싶지 않으리

자잘한 꽃보다
커다란 꽃을
꽃 피우고 싶지 않으리

인상 구긴 날보다는
인상 편 날을
택하고 싶지 않으리

너무 우유부단하여
늦은 걸로
오해 살까 무서워야

누군들 먼저
꽃 피우고 싶지 않으리

풀잎

풀잎들이
아침마다 이슬을 낳는다

이슬은
풀잎의 눈이다

잠시
세상을 맑은 눈으로 본다

눈이 밝아져
죄 짓기 전에

햇빛이
거둬 간다

풀벌레 악사

밤새 풀벌레 악사들이
연주를 하는데
몸살나겠다

지휘자 없이
연주를 하는데
불협화음 없는 것이
신기하다

풀잎에 악보도 걸쳐 놓지 않고
연주를 하는데
대단하다

풀벌레 울음소리

아까워 죽겠네

저리 울어도 울음이 동나지 않기에
어디에다 받아놓 필요는 없지만
그래도
그냥 흘려보내야 하니

아까워 죽겠네

내 마음의 청잣빛 자기로는 턱없고
내 마음의 옹기 수십 개는 있어야
가을밤을 버틸 수 있을 것 같은데

아까워 죽겠네

내 마음에 흘러들어
내를 이루고
강을 이루고
바다를 이루도록
물길을 잘 잡아줘야지

칡꽃

울타리를 넘다가
나와 눈이 마주치면
당황해 하고

바닥을 기다가
나와 눈이 마주치면
머쓱해 하고

누군가를 붙들고 늘어지다가
나와 눈이 마주치면
몸 둘 바를 모르고

꽃무릇

내 눈빛이
가부좌 틀기에는
너무 좁다

데일까 봐
못 앉는다 하면
사삭스럽단 말 듣겠지

저 불꽃을
써먹지 못하고
그냥 가자니 너무 아깝다

호박꽃

오명의 대명사다

처음 오명을 썼을 때
명예훼손으로 고소를 해
바로잡았어야 했다

지금이라도 과거사진상위원회에
문제를 제기해
오명을 벗어야 하는데
아무런 조치를 취하지 않으니

다들 유전자에
각인돼 있을 정도로
시간이 흘러
바로잡기가 힘들다고 생각하나

늦었다 할 때가
가장 빠른 때란 말도 있잖은가

벗어나지 못할
오명은 없다

부추꽃

유채, 장다리꽃을 피해
얼굴 내민 것으로
오해 사겠다는 말은 철회해야지

유채, 장다리꽃을 피해
부추꽃이 얼굴 내밀
아무런 이유가 없는 것을

부추꽃이
그 말을 들으면
가만히 있겠나

유채, 장다리꽃이
부추꽃을 피해
미리 얼굴 내밀었다고 맞받아치겠지

누구든
자존심을 건드리면
가만있지 못하는 것을

대추꽃 필 무렵

아무리 들여다봐도 거만하지 않은디
이보다 더 겸손할 수가 없는디
간혹 벼락을 맞는다니

아무리 들여다봐도 죄짓지 않았는디
이보다 더 소박할 수가 없는디
간혹 벼락을 맞는다니

모과나무

초록이 대세인
봄날, 묵은 열매가
녹이 듬뿍 슬어 있다

모과나무가 챙긴
묵은 열매 속
해와 달, 별빛은 어찌 되었을까

모과나무는
묵은 열매가
무척 부담스러울 것이다

만물은
손타야 좋은 것과
손타지 않아야 좋은 것이 있다

부담스럽지 않으려면
묵은 열매는
손타야 한다

초록이 대세인

봄날, 묵은 열매가
녹이 잔뜩 슬어 있다

담쟁이에게 담은 생명줄이다

길을 가다가
바닥을 기고 있는 담쟁이들과
눈이 마주쳤다

담쟁이들이
애써 나의 시선을 피하려 드는 이유를
처음에는 몰랐다

바닥을 기고 있는
자신의 모습을
담쟁이는 보이고 싶지 않은 것이다

담쟁이에게
담은 극복의 대상이 아니라
생명줄이다

담쟁이가 타고 오를 담을 찾으려
두리번거리다가
나와 눈이 마주친 것이다

나의 시선을

떨쳐내지 못한 담쟁이가
멋쩍은 표정을 짓고 있다

담쟁이 잎사귀

1

담이 옷을 입고 있다,
천천히

2

빨랫줄에 집게 없이 매달린
빨래이다

뭔 빨래가
저리도 많나

개나리가 손 내민다

가는 곳마다
여기저기서
개나리가 손 내민다

내미는 손마다
하이파이브 하느라
내 눈빛이 정신이 없다

한 손이라도 빠뜨렸다간
오해 살 수 있기에
정신을 똑바로 차려야 한다

철부지 아이들처럼
여기저기서
개나리가 손 내민다

목련이 부리를 벌리다

벌거숭이 가지마다
부화한 목련이 앉아 있다

일제히 북쪽을 향하여
부리를 벌린다

아무리 부리를 벌려도
뭘 물어다 주는 이가 없다

소리쟁이

유월의 들판을 점령한
개망초 앞에서도
고개 숙이지 않는 것은

개망초에 뺑 둘러
포위되어서도
무릎 꿇지 않는 것은

제복이
탱탱 녹슬어도
당당하게 서 있는 것은

개망초가 당황할 정도로
목숨을
구걸하지 않는 것은

개망초 군단

지혜 없이
맞서는 것보다
원원할 생각이다

주객이
전도된 지 오래이니
쫓아낼 수도 없다

약이 되지 않은 것이
세상엔 없으니
분명 쓸모가 있을 것이다

거리감이 없는 것은
인상이
나쁘지 않기 때문이다

부동이화不同而和에
이르는 것이
가장 현명한 방법이다

* 부동이화不同而和: 달라도 사이좋게 지낸다는 뜻이다.

분수

강아지풀은
강아지풀만큼 세상을 차지하는데

개망초는
개망초만큼 세상을 차지하는데

소리쟁이는
소리쟁이만큼 세상을 차지하는데

나는
나만큼 세상을 차지하나

사의재 기획시선 8

영랑생가 은행나무에 대한 몽상

1판 1쇄 인쇄일 | 2021년 12월 1일
1판 1쇄 발행일 | 2021년 12월 7일

지은이　　김재석
펴낸이　　신정희
펴낸곳　　사의재
출판등록　2015년 11월 9일　제2015-000011호
주소　　　전라남도 목포시 용당로 331번길 88, 202동 202호
전화　　　010-2108-6562
이메일　　dambak7@hanmail.net
ⓒ 김재석, 2021

ISBN 979-11-6716-038-6 03810

지은이와 출판사의 동의 없이 이 책의 내용 중 전체 또는 일부를 인용하거나 발췌하는 것을 금합니다.

값 10,000원